# Alles auf jetzt

von

*Lisa Mischke*

Impressum:

Bibliografische Information der Deutschen
Nationalbibliothek:
Die Deutsche Nationalbibliothek verzeichnet diese
Publikation in der Deutschen Nationalbibliografie;
detaillierte bibliografische Daten sind im Internet
über http://dnb.dnb.de abrufbar.


© 2023 Lisa Mischke
Homepage: www.lisa-mischke.de
Mail: info@lisa-mischke.de

Lektorat: Bernd Heim
Layout Überarbeitung: Mavi Arslan


Herstellung und Verlag: BoD – Books
on Demand, Norderstedt
ISBN: 978-3-7528-0380-8

Für

Leonis:

Danke,

dass Du mich

ewig zum Wachsen

aufforderst.

Du bist

ein so kostbares

Geschenk.

Authentische Einblicke in sein Inneres zu geben,
ist ein gefährliches Spiel.
Es heißt verletzbar zu werden und ein hohes
Risiko einzugehen. Aber gerade das unterscheidet
uns von den gefälschten Internetpersönlichkeiten,
die derzeit massenhaft in unserem Alltag
auftauchen.

Mensch sein.
Hoffen. Fallen. Lernen. Aufstehen.

Deshalb schreibe ich über all die Dinge, die man
in der Schule nicht unterrichtet.
Um zu zeigen, dass wir so wie wir von Gott
gemeint wurden, unser bestes As im Ärmel sind.
Meine Texte sind der Beitrag zu der Welt in der ich
selber leben möchte.

Lisa Mischke, Birkenau 2023

# Lisa Mischke,

geboren 1982 in Friedrichshafen.
Aufgewachsen im schönen Hagnau am
Bodensee.Besuch der Freien Waldorfschule
Überlingen von 1989- 2001.

Studium an der Freien Kunstakademie
Mannheim.
Erste Einzelausstellungen im Bodenseeraum.

Seit 2005 freischaffende Künstlerin in den
Bereichen Wandmalerei, Kunst am Bau und
Objektgestaltung.

2020 auf Grund der Arbeitskrise für Künstler
innerhalb der Pandemie, entstanden ganz neue
Experimente der Kunst in Richtung Poetry.

2022 erste größere Lesungen im Umkreis
Bergstraße.

2023 Veröffentlichung der ersten beiden Bücher
*Zeichen zum Aufbruch.*
*Alles auf Jetzt*

Nähere Informationen zur Wandmalerei/
Objektgestaltung finden sie auf der Homepage:
www.lisa-mischke.de
oder auf Instagram unter: lisa.mischke.art

Lisa Mischke

# Alles auf Jetzt

*Poetry Buchreihe*

*Band 2*

# Tanzen

Im Großen und Ganzen
verbringe ich mein Leben mit tanzen.
Aber an manchen Tagen
liegen auf meinem Herzen Nebelschwaden.

Sie reichen bis tief
in meine Gedanken hinein
und färben alles mit Dunkelheit ein.
Dann hör' ich keine Musik mehr,
kein Lachen, kein Klang
nicht das Locken der Sterne
oder den Waldgesang.

Und beginnt erst ein Surren
meine Ohren zu foltern,
kommt auch der Rest von mir
bald ins Stolpern.

Ganz heimlich
stellt sich die Frage ein,
ist ein Leben in Freude
nicht zu schön um wahr zu sein?

Ist es erlaubt,
um so viel Leid zu wissen
und sich trotzdem dagegen zu entschließen?

Oder wäre es eher angebracht zu schweigen,
statt dieser Welt mein Glück zu zeigen?

Aber dann seh ich
in zwei reine Kinderaugen,
welche die vertrauen
und an das Gute glauben.

Und ich weiß,
ihr Glanz wird bald vergehen,
wenn sie nie einen glücklichen
Erwachsenen sehen.

Ich höre erneut
den Rhythmus meines Herzens schlagen
und hab ein unbändiges Verlangen
ihn in die Welt hinauszutragen.

Ich beginne zu tanzen,
mich zu drehen und zu singen
greife kleine Hände
und lass sie in Kreisen schwingen.

Ein Kinderlachen wie aus Elfenbein
stimmt in meine Melodie mit ein.

Würde man Glück eine Stimme geben
wäre es diese und sie ließe Konfetti regnen.

Ich kann nicht ändern,
was um uns herum die Welt auffrisst,
aber ich kann teilen,
was in mir
an Glück und Freude ist.

Aus diesem Grund
verbringe ich im Großen und Ganzen
den Rest meines Lebens,
mit tanzen.

# Was ist Glück?

Glück ist,
jeden Morgen aufzuwachen
ohne sich um seine Liebsten
Sorgen zu machen.

Glück ist,
genug zu Essen zu haben
und auch Andere mitzutragen.

Glück ist,
alten Schmerz endlich zu begraben
und in sich neue Hoffnung wagen.

Glück ist,
wenn man seinen Wert erkennt
und nicht ewig fremde Kämpfe kämpft.

Glück ist,
genug Zeit zu haben
für die wirklich wichtigen Fragen.

Glück ist,
Wunder im Alltag zu sehen
bevor sie ungeachtet vorübergehen.

Glück ist,
Freude spüren zu können
auch ohne den Grund dafür zu kennen.

Glück ist,
immer wieder sein Herz zu öffnen
und daraus neue Kraft zu schöpfen.

Glück
ist nicht das Gegenteil von Pech,
es entsteht
in der Einfachheit.
Der wahre Name von Glück heißt:

DANKBARKEIT

# Treuer Freund

Ich habe einen Freund
der mich schon lange begleitet.
Er hat eine Rinde, Zweige
und man sieht ihn
aus der Weite.

Kann man von außen
auch keine Worte hören
wenn wir unsere Dialoge führen,
so grenzt es doch
an ein Wunder an,
was dieser Freund
mich alles lehren kann.

Über tiefe Wurzeln
und biegsame Zweige,
über Wandelbarkeit,
geht der Sommer zur Neige.

Er hilft mir so vieles zu verstehen,
hat schon Weltkriege
kommen und gehen sehen.

Und immer noch
rauschen seine Blätter ihr Lied,
als ob es gerade nichts Wichtigeres gibt.

Er spendet Trost
und Schatten Jahr um Jahr,

steht für sich allein
und ist trotzdem
für Andere da.

Ja man trifft selten jemanden an,
der einem schweigend
soviel geben kann.

# Der kleine Stift

Es war einmal
ein kleiner Stift,
nicht besonders schön oder auffällig.

Er lag auf dem Schreibtisch,
zwischen ein paar Anderen
und sein Blick
begann hin und her zu wandern.

Da gab es einen Goldstift,
für schöne Überschriften,
und einen Edding,
für Dinge,
die wichtig sind.

Aber da war noch einer,
an den wandte sich der kleine Stift:
„Wofür brauchen die Menschen
einen Rotstift wie dich?"

Der Rotstift
setzte eine wichtige Miene auf:
„Ich bestimme maßgeblich
über deren Lebensverlauf.

Ich zeige an,
wenn jemand im Minus steht,
und unterstreiche,
dass es so nicht weiter geht.

Besonders bei Pessimisten,
bin ich beliebt, immer wenn es etwas
zu bewerten gibt.

Viel zu selten
wird mit mir ein Herz gemalt,
obwohl meine Farbe,
dabei am meisten strahlt.

Wer mit einem Rotstift schreibt,
zeigt,
dass nichts ohne Konsequenzen bleibt.
Ohne mich,
wüssten viele Kinder später nicht,
was alles falsch an ihnen ist.

Sie würden ewig so weiter machen,
würd ich nicht an alles
ein F dran machen.
Du siehst also,
ohne mich geht es nicht,
den wichtigsten Job auf der Welt,
hab ich!"

Der kleine Stift
war nachdenklich geworden:
„Durch dich
gehen also die ganzen Träume verloren?
Vielleicht, würde mancher später
an sich glauben,
ließe man dich öfter mal
im Schrank verstauben?

Du zwängst ein
und verkrüppelst freie Geister,
du bildest dir ein,
du seist vorausschauender
und weiser.

Aber kein erfülltes Leben
wurde je mit Zwang und Schmerz erreicht.
Die Schöpfung ist perfekt
und ihr Himmel ist weit.

Mit mir korrigieren die Menschen nicht,
sie ziehen mit schwarz,
am Ende den Strich."

# Die Stimme in dir

„Hey,
wach auf,
es ist Zeit für dich!
Noch länger zu warten
ertrag' ich nicht.

Ich weiß,
du möchtest eigentlich nicht darüber sprechen,
aber weil du mir wichtig bist,
will ich dich wecken.

Schon sehr lange schick ich dir kleine Zeichen,
versuche dich
auf alle möglichen Arten zu erreichen.
Du denkst,
dieser Weg ist der Einzige für dich,
aber ich sage dir,
so ist es nicht.
Alles, was deine Situation so schwierig macht,
kann sich ändern über Nacht.

Mir ist klar,
das hört sich unglaublich an,
aber gib mir eine Chance
und glaub daran.
Du hast großen Einfluss
auf dieses Leben,
darauf kann ich dir
mein Versprechen geben.

Du kannst vertrauen
auf das,
was ich dir sag,
schließlich bin ich bei dir
seit deinem ersten Tag.

Ich weiß,
welches Potenzial tatsächlich in dir steckt,
aber wenn du weiter schläfst,
ist es irgendwann weg.

Du bist nicht geboren
um zu leiden,
die Welt kann schön sein,
das will ich dir zeigen.

Aber du musst aufstehen
und einen neuen Weg nehmen.

Einen der Loslassen beinhaltet
und deine Weichen
auf Achtsamkeit und Glück schaltet.

Der nicht auf Kosten Anderer geht,
die Wahrheit
ist ein gerader Weg.

Wirfst du die Last
von deinen Schultern,
kannst du dich
über viel Vergangenes wundern.

Plötzlich
wirst du eine ganz neue Welt entdecken
und nie wieder
die Hände resignierend in die Taschen stecken.

Dann bist du der,
der du wirklich bist,
einer,
der vielleicht für Andere,
aber nie für sich selbst
eine Enttäuschung ist.

Einer,
der weiß was er tun muss
um sich treu zu bleiben
bis zum Schluss."

# Der Zettel

Auf meinen Spiegel im Bad
hab ich einen Zettel hingeklebt
auf dem steht,
dass ich das schaffe.
Und manchmal
glaub' ich es nur,
weil es dort steht.

Natürlich
hört sich das lächerlich an,
doch es gibt Zeiten,
wo so ein Zettel
Leben retten kann.

Und später,
wenn man zurück
an diese Tage denkt,
weiß man,
diese Botschaft war das größte Geschenk.

Oft macht uns das Leben Angst,
glaub an dich,
dass du es schaffen kannst.

# Fiona

Eins:


Fiona setzt ein Lächeln auf,
trotz dieses miesen Gefühles im Bauch.
Mit etwas Rouge
und den Lippen in Rot,
überschminkt sie gekonnt
ihre innere Not.

Ja, sie weiß,
es wäre längst Zeit
etwas zu ändern,
aber wie eine Marionette
an Gummibändern
geht sie ihrem Weg.
Ist taff und imposant,
wäre da nur nicht
das nervöse Zittern ihrer Hand.

Doch sie hält sie fest,
schon ist wieder alles gut,
darüber hinaus
fehlt ihr der Mut.

Zwei:


Fiona kann nicht schlafen diese Nacht
und zum Aufstehen
fehlt ihr auch die Kraft.

„Reiß dich zusammen"
ermahnt sie sich,
doch sie spürt längst,
sie kann es nicht.

Sie denkt an die Jahre,
in denen das noch anders war
und an all die Möglichkeiten da.

Irgendwo,
weit weg von hier,
lebt vielleicht
eine glückliche Version von ihr.
Eine, die
die Spur damals gewechselt hat,
eine neue Geschichte schrieb,
auf ein weißes Blatt.

Eine,
die sich nicht zufriedengab mit Hoffen.
Und die für sich im Stillen
eine Wahl getroffen.

Fiona hört sich verbittert lachen.
Wenn das so einfach wär,
würde es ja jeder machen.

Die Schläfe pocht,
ihre Gedanken drehen sich viel zu schnell,
in ihr bleibt es dunkel,
aber draußen wird es hell.

Drei:

Fiona schlägt die Augen nieder,
ein leichter Schauer
fährt ihr durch die Glieder.

Sie denkt an alte Zeiten.
Zeiten,
die schwierig waren.
Was hatte sie gekämpft
und gelitten in diesen Jahren?
Und natürlich
war sie auch nicht aus Vernunft
zur Vernunft gekommen,
sondern hatte den schweren Weg genommen.

Aber als sie am Ende ihrer Kräfte war,
wurde ihr plötzlich eines klar:

„Das Leben ändert seine Richtung nicht!
Wenn du nicht wählst,
wählt es für dich."

# M.

Wie sehr dein Herz
die Nacht erhellt.
Mit welchen Augen
siehst du wohl die Welt?
Ich steh' vor dir
und schau dich an,
frag mich,
wie ein Mensch
so viel ertragen kann.

Was hat dich dermaßen stark gemacht,
dass du noch immer Grund zu lachen hast?
Wie kann es sein,
dass du noch stehst,
obwohl das eigentlich gar nicht geht?

Warum ist dein Herz
nicht kalt geworden?
Bei jedem Anderen
wäre es längst erfroren.
Aber du leuchtest von innen
und ich seh dir an,
dass dich rein gar nichts mehr
brechen kann.
Du hast alles hinter dir
und trotzdem bist du weiter hier,
nur um uns Anderen zu zeigen,
wie wertvoll es ist,
ein Mensch zu bleiben.

# Der alte Clown

Am Ende meiner Straße
wohnte ein alter Mann.
Sein Rücken war krumm
und er zog sich komisch an.

Einmal saß er vor seinem Haus
auf der morschen Bank
und sah zu,
wie die Sonne im Horizont versank.
Und als ich vorbei wollte,
grüßte er mich.
Ich nickte zurück
und sah sein Gesicht.

Es war schwer zu sagen,
wie alt er ist.
Sein Blick berührte mich innerlich.
Da waren zwei unbeschreiblich wache Augen,
sie schienen an das Gute im Menschen
zu glauben.

Unwillkürlich setzte ich mich,
er lächelte warm
und zuversichtlich.

Und dann fragte er mich,
als käme ich jeden Tag
was ich heute für Sorgen
mit mir trag?

Ich erzählte ihm,
wie beängstigend das Leben gerade ist
und wie Unsicherheit meinen Mut auffrisst.

Davon, wie Zahlen
meinen Alltag regieren,
mir Fesseln anlegen,
mich herumkommandieren.

Er hörte nur zu,
unterbrach mich nicht,
saß neben mir im Abendlicht.
Als er endlich zu sprechen begann,
waren seine Worte fesselnd und einprägsam:

„Die Zeiten
sind immer schon so gewesen.
Es gibt keine Sicherheit
als den Tod im Leben.
Du tust also gut daran,
die Illusion aufzugeben,
du könntest hier irgendwas überleben.

Angst brauchst du nicht zu bitten,
sie schleicht sich ein,
aber du kannst üben,
mutig zu sein.
Jeder Besitz
verlangt seinen Preis,
der für gewöhnlich
Abhängigkeit heißt.

Viele Dinge kosten Geld,
aber nur wenige haben Wert.
Und für die zu kämpfen
ist nie verkehrt.
Solange du Entscheidungen
nicht aus Angst,
sonders aus Liebe triffst,
kannst du sicher sein,
dass dein Weg bedeutend ist.

Deine innere Haltung
macht aus dir
wer du bist,
auch wenn alles was du kanntest
um dich zerbricht.
Sie ist dein Fels,
die Rettung in der Not,
sie macht dich unsterblich
bis über den Tod.

Grundlegend
für alle Schatten deines Lebens ist,
dass du in Angst,
ewig ihr Gefangener bist.

Nur wenn du akzeptierst
was passieren kann,
fängt für dich eine neue Zukunft an.
Dann hast du alles in der Hand,
denn es gibt keine Grenzen
für den Verstand.

Vertrau nicht
auf das was ich sage.
Prüf es für dich.
Wer weiß,
ob du nicht
mit einem Narren sprichst.
Vielleicht bin ich nur ein alter Clown,
du solltest nur dir selbst vertrau'n.

Wenn meine Wahrheit
nicht die deine ist,
ist es besser,
wenn du mich vergisst."

Noch lange,
dachte ich an die Worte des Alten
in dieser Nacht,
daran, was seine Wahrheit mit mir macht.
Wie viel Hoffnung und Mut
er mir damit gab,
ich sah ihn nie wieder
nach diesem Tag.

Und manchmal
kommt mir dabei in den Sinn,
dass ich damals Gott begegnet bin.

# Was wäre wenn ...

Was wäre,
wenn eines Tages alles anders wäre
und es das Wörtchen **eigentlich**
nicht mehr gäbe?

Was wäre,
wenn man Leistung
mit Begeisterung ersetzte
und man Glück
an die Spitze jeder Scala setzte?

Was wäre,
würden wir mal an uns selber glauben,
statt ewig
Konflikte hochzuschrauben?

Was wäre,
würde man Freundlichkeit
nicht mit Schwäche verwechseln,
sondern Menschen
für ihre Echtheit schätzen?

Was wäre,
wenn Unehrlichkeit
wieder eine Schande wäre
und Charakter
einem mehr Macht
als Geld gäbe?

Was wäre,
setzten wir uns für das Gute ein,
statt drum zu kämpfen,
auf dem Friedhof
der Reichste zu sein?

Was wäre,
wenn man Menschen auf Herz
statt auf Herkunft
prüfen würde,
wenn außer Mathe und Physik
auch Menschlichkeit
auf dem Lehrplan stünde?

Was wäre,
würden Eltern mal in Vertrauen investieren,
statt jede Abnormalität
mit Pillen zu korrigieren?

Was wäre,
kümmerte sich jeder zuerst
um seinen eigenen Mist,
statt über seinen Nachbarn zu grübeln,
was gestern war
oder morgen ist?

Was wäre,
versuchten wir mal
unseren Feinden zu verzeihen?
Ein klares NEIN
kann nie befreien.

Was wäre,
würden wir mal unsere Bewertungen reduzieren,
statt alle in Klassen zu selektieren?

Was wäre,
wenn wahre Liebe
nicht nur ein Mythos wär,
vielleicht wäre glücklich sein
dann nicht so schwer?

Was wäre,
wenn man einfach mal
sein Leben genießt,
bevor man seine Augen schließt?

Und was wäre,
wenn man keinen Satz mehr mit,
**wenn** beginnt,
weil wir es längst schon am Machen sind?

Wo nichts geändert wird
verwundert nicht,
dass das Ergebnis
immer das Selbe ist.

# Träumerkind

Als Kind reiste ich mit Momo,
flog mit Fuchur dahin,
rettete die kindliche Kaiserin.

Jim Knopf, Pinocchio und die Schlange Ka,
der freche Michel, Pippi und Annika,
alle waren mit mir da.

Ich ritt mit den Brüder Löwenherz
ins Heckenrosental,
kämpfte mit Ronja im Räubersaal.

Mio mei Mio und Peter Pan,
traten mit mir gegen die Bösen an.
Ich durchstreifte die Prärie mit Winnetou
und suchte mit Aschenputtel den Schuh.

Doch eines Tages
löste ich von meinen Freunden
die Hand
und verließ Nangiala und Nimmerland.

Ich wollte nicht mehr naiv
und kindlich sein,
so trat ich in die Welt
der Erwachsenen ein.
Lange irrte ich darin herum,
brachte Leistung,
fühlte mich stumpf und dumm.

Und vom vielen Hamsterrad rennen,
verlernte ich  Gesichter in Wolken zuerkennen.
Selbst die nächtlichen Schatten
an der Wand
entführten mich in kein Wunderland.

Viel zu aufgeklärt war ich
für all das geworden
und viel zu schwer
drückten mich meine Sorgen.

Erst als ich am Boden war, fragte ich mich:
„Rauschen die Blätter da ein Gedicht?"
Ich sah wie im Prisma
Licht in 1000 Farben bricht.
Und hinter all dem verschwommen,
mein altes ich.
Wie ich in meinem Versteck
hinter dem Ofen saß
und in einem Buch voll Märchen las.

Dort warteten sie auf mich,
meine Wegbegleiter,
auf diesen Seiten lebten sie weiter.

Irgendwo zwischen
Elfenbeinturm und Auenland
reicht mir die kleine Meerjungfrau die Hand.
Und auch wenn ich
noch immer erwachsen bin,
hör' ich mein Kind lachen in mir drin.

Ich spür' wie es glücklich ist,
dass es sein darf,
was es ist.

Schimpft mich heute
jemand Träumerkind,
bin ich stolz darauf,
dass ich eins bin.

Meine Welt ist
statt grau in grau,
purpurrot und enzianblau.
Und wenn du ihr
eine Chance gibst,
wirst du sehen,
wie du dich in sie verliebst.
Fliegst auf dem Rücken eines Gänserich
und amüsierst dich königlich.

Und die Moral
von der Geschicht:
Manche leben,
Andere nicht.

# Außenseiter

Ich bin ein Außenseiter,
weil ich ein Innenseiter bin.
Das war ich schon immer,
sogar als Kind.

Heute bin ich froh darüber,
doch als Teenie war es schlimm.
Es war ein langer Weg von dort,
bis da wo ich heute bin.

Ich wollte dazugehören, gefallen,
passte mich an,
ließ über meine Grenzen latschen,
mich anfassen, dann und wann.

Wollte mein Anderssein abstreifen
wie ein Kleidungsstück
das nicht zu mir passt.
Hab es versteckt, verleugnet,
ja sogar gehasst.

Mit der Zeit
wurde es leichter
und irgendwann hat es geklappt,
Nur wer zweimal hinsah,
kaufte mir mein glücklich sein nicht ab.

Ich war wie die Rosenhecke
im kleinen Prinz,

schön von außen,
aber leer innen drin.
Ein Chamäleon
hätte sich nicht besser tarnen können als ich.

Ich war alles
was man sich von mir wünschte
nur Ich war ich nicht.

Ich fühlte mich,
wie ein schwarzes Schaf unter vielen Weißen,
konnte vor lauter vergleichen,
meine Größe nicht begreifen.

Ich wollte mir
und der Welt was beweisen,
aber letztlich
war es nur ein ewiges Zusammenreißen.

Einige Jahre
suchte ich mir im Außen meinen Weg.
Hab mir dabei Stöcke, Steine
und ganze Felsen in den Weg gelegt.

Hab gekämpft mit aller Kraft,
bis ich müde war.
Erst da wurde mir klar,
dass da gar kein Gegner war.

Ich bin ein Innenseiter,
der lange seine Chance
nicht erkannte,

mich immer verbarg,
und gegen imaginäre Wände rannte.
Aus zu viel Angst,
dass jemand über mein Anderssein lacht,
hab ich mich ständig
selbst überwacht.

Heute weiß ich,
dass anders sein kein Makel ist,
Im Gegenteil
es bedeutet authentisch zu leben,
was das Maximum ist.

Endlich kann ich mir selbst verzeihen.
Meine Stärke ist das Verletzlich sein.

Jetzt sehen alle wer ich wirklich bin
Stell mich vorhin
und zeige jedem,
dass ich genau so besonders
wie jeder andere bin.

All ihr versteckten Wunder,
seid euch gewiss,
dass da draußen kein einziges weißes
unter den Schafen ist.

# Der kleine Trick

Es gibt da diesen kleinen Trick,
er verändert einfach deinen Blick.
Statt sich zu ärgern
und aufzuwühlen,
versuche ich Menschen nachzufühlen.

Was weiß ich denn schon
über deren Leben,
fiele es mir leichter zu vergeben,
wüsste ich,
der Andere hat nicht mehr lang zu leben?

Oder würde ich vielleicht anders reagieren,
könnte ich dessen Sorgen spüren?

Wäre der Gegenüber
kein Fremder für mich,
was läse ich dann
in seinem Gesicht?

Ab und zu
muss man sich überwinden,
um am Anderen
etwas Liebenswertes zu finden.
Und spüre ich
absolut keine Verbundenheit,
bewundere ich dessen
Hartnäckigkeit.

Nicht jeder
macht es einem leicht,
bei manchen sieht man die Besonderheit gleich.

Alles ist eine Übungssache,
aber wenn ich das so eine Weile mache,
verändert sich was in mir drin,
weil ich so alle
etwas lieb gewinn.
Und ganz von allein
spiegelt mein Trick
mir Sympathie und Liebenswürdigkeit
zurück.

# Der fehlende Kompass

Was lässt uns immer wieder
vom Kurs abweichen,
dass wir nie unser volles Potenzial erreichen?

Wir reden uns ein,
wir wären einfach zu schwach,
dabei haben wir uns nie richtig
auf den Weg gemacht.

Erst wenn wir am Boden sind
und uns Unglück
in die Knie zwingt,
sind wir bereit
neue Wege einzuschlagen,
statt weiter diese Mittelmäßigkeit zu ertragen.

Wahre Größe
wächst immer aus Schmerz,
es leidet der Körper
oder es bricht das Herz.

Aber was auch immer
der Auslöser war,
es verdrängt den Nebel
und die Sicht wird klar.
Egal wie hart diese Wahrheit ist,
ohne sie wärst du nie der,
der du heute bist.

Niemandem wird jemals beigebracht,
dass er sich eigene Gedanken macht.
Wohin der Weg gehen soll,
nur immerzu kaufen, das ist toll.

Wenn wir unserer Bestimmung nicht folgen
gehen wir ein,
ohne vorher je
richtig Mensch zu sein.

Was auch immer deine Richtung ist,
lass nicht zu,
dass Untätigkeit dein Leben frisst.
Es gibt immer etwas
das man ändern kann,
fang mit dem Kleinsten damit an.
Und wundere dich
am Ende nicht,
wenn du bis zum Mond gegangen bist.

# Ebbe & Flut

Wir machen nur allzu gern Pläne,
teilen die Welt ein.
In schwarz-weiß,
schlecht oder gut.
Aber was wäre,
wenn alles anders käme,
was es ja eigentlich immer tut?

Jede Medaille hat zwei Seiten
um was es sich auch dreht,
oft entscheidet man selbst
in welche Richtung es weitergeht.

Siege
bedeuten oft große Opfer,
und Niederlagen
bringen die Weisheit mit.
Jeder Fluch
birgt auch, gut getarnt,  Segen,
auch wenn man ihn oft erst
nach Jahren sieht.

Alles geht vorüber
aus Verzweiflung
wächst Mut.

**Menschen zerbrechen
an ihrer Sicht der Dinge**

Ohnmacht lähmt,
genau wie Angst, Hass
oder Wut.

Was passiert,
passiert
nach jeder Ebbe
kommt Flut.
Glücksläufe,
Pechsträhnen,
nichts ist wirklich schlecht oder gut.

Das Leben endet nicht
mit dem Erreichen eines Ziels,
meist fängt erst da
die Arbeit an.
Nur im Märchen
reitet der Prinz am Ende
in den Sonnenuntergang.

Lottogewinner
gehen oft pleite
und ein Herzinfarkt
nimmt jeder Karriere ihren Sinn.
Ein anderer
ist im Leben an allem gescheitert,
sieht sein Kind lächeln
und zieht damit
den Hauptgewinn.

Man könnte meinen,
alles sei Willkür

das Leben macht
was es will.
Niemand
erklärt einem die Regeln
in diesem Frage-und-Antwort-Spiel.

Und wenn man im Leben
ganz oben steht,
vergisst man nur zu gern,
dass auch das vorübergeht.

Doch Hochmut
kommt vor dem Fall
und je größer die Illusion,
desto stärker der Aufprall.

Gibt das Schicksal
dir einen Haken,
musst du nur abwarten,
in der nächsten Runde
gibt es wieder neue Karten.

Ob ein Sturm aufzieht
oder sich legt,
oder nur deine Perspektive
sich dreht …

Berge bedingen Täler,
ohne Schatten kein Licht,
sich aufzuregen
lohnt sich selten,
nur die Liebe hat Gewicht.

Drohst du zu ertrinken
im Alltagssumpf,
hab einfach Vertrauen.
**Bauch schlägt Kopf
und Herz ist Trumpf.**

Die Zeit nutzen,
Frieden machen mit dem,
was ist.
Endlich aufhören
alles zu bewerten,
nur das trägt dazu bei,
ob du glücklich bist.

Mach dir keine Gedanken,
finde deinen Mut.

Alles geht vorüber,
nach der Ebbe
kommt die Flut.

# Ich

Mein Name ist Lisa Mischke,
ich bin Künstlerin,
habe einen deutschen Pass,
bin katholisch,
Mutter
und eine Tänzerin.

Ich mag Tomaten,
schaukle gerne
und bin Linkshänderin,
aber was ich nicht weiß
zum Teufel, ist,
wer ich wirklich bin.

Ich habe Talente
und ich besitze etwas Geld,
ich liebe gutes Essen,
aber nichts davon zählt.

Meine Wünsche,
meine Träume,
alles ändert sich,
aber wenn man mal all das weglässt,
wer bin dann ich?

Ich stehe vor dem Spiegel
und seh mein Gesicht,
sehe, wie ich aussehe, meinen Körper,
aber bin das ich?

Wenn ich älter werde
und meine Hülle verwelkt,
bedeutet das nicht,
dass auch mein Ich zerfällt.

Vielleicht bin ich meine Muster,
meine Abartigkeiten,
ich will sie nicht abstreiten,
aber auch sie
ändern sich mit den Zeiten.
Es ist eine Art
mich von anderen zu unterscheiden
aber lässt sich dadurch
auch mein Ich beschreiben?

Vielleicht definieren meine Gedanken
wer ich bin.
Aber Gedanken sind manipulierbar,
also macht auch das
keinen Sinn.
Ich kann entscheiden,
was ich denke
und entscheiden
wie ich sein will,
aber ich höre nicht auf zu sein
ist es in meinem Kopf mal still.

Bin ich mein Geist,
meine Seele oder alles zusammen?
Ist es zu viel
darauf eine Antwort zu verlangen?

Trete ich zurück
und beobachte ich
mein Verhalten und mich,
Dann spüre ich
wie ich im Jetzt bin,
dann begreife ich
mein wahres Ich.

Ohne Wertung,
ohne Namen,
mein pures sein.

Bin ganz wach,
ganz bei mir
und in mein Herz
kehrt Frieden ein.

Ich spüre die Größe
dieses Augenblicks.
Spüre wie alles eins wird,
was für ein Schritt.

Meine Fragen hören auf,
es ist angenehm still.
Ich bin mir nun bewusst
und weiß,
dass ich nur noch so leben will.

# Wer bist du?

Ich würde gerne wissen,
wer du bist,
nein,
nicht wie du heißt
oder was du verdienst.

## Wer steckt hinter diesem Gesicht?

Mich interessiert,
ob du lebendig,
oder nur am Leben bist
und ob du dir selbst eine Chance gibst.

Hat dich das Leben hart gemacht
oder gibst du liebevoll auf dich acht?

Ich möchte wissen,
ob du vergeben kannst
oder dich hinter Ausreden verschanzt?

Ist da jemand
dem du vertraust?
Wen siehst du,
wenn du in den Spiegel schaust?

Weißt du,
wo dein Nordstern steht
oder bist du einer,
der ewig Schlaufen dreht?

Hat jemand anderes über dich die Macht
der dich in ein Korsett einpackt?

Was für Glaubenssätze
hast du verinnerlicht?
Tolerierst du andere Meinungen
und mich?

Treibt dich die Dunkelheit
mal an den Rand,
gibst du auf
oder hältst du stand?

Bist du mitfühlend,
wenn andere in Nöten sind
oder stellst du dich dann
taub und blind?

Kannst du noch immer Wunder sehen
solltest du mal vor einem stehen?

Dein Name,
deine Titel
und dein Besitz
verraten mir nichts darüber,
wer du bist.
Aber weißt du selbst die Antwort
darauf nicht,
dann lies von vorne mein Gedicht.
Es bestimmt
was war, sein wird und ist.

# Die Nacht der Nächte

Ein Boot,
das auf den Wellen schaukelt,
treibt langsam vor sich hin.
Da ist kein Ruder,
keine Pinne,
nichts zeigt meinem Boot wohin.

Wie ich in diese Lage kam
hab ich schon längst vergessen.
Ich weiß nur
ab irgendwann,
hab ich in diesem Boot gesessen.

Mit Wut und Tränen
in den Augen,
versuch' ich
an mich selbst zu glauben.

Es sind die schlimmsten Gedanken,
die meine Ängste schüren
und mir unaufhörlich
die Luft abschnüren.

Panik, die mein Herz umschlingt,
zeigt mir, wie mein Boot versinkt.

Doch noch ist es nicht so weit,
ich bin noch hier,
es ist noch Zeit.

Der Kampf zwischen mir
und der Natur
läuft nach einer anderen Uhr.
Und wie zum Trost
ist es das Dämmerlicht,
das mir den schönsten
Sonnenuntergang verspricht.

So etwas hab ich noch nie gesehen,
es ist
als würde der Himmel in Flammen stehen.

Alles in mir schweigt für eine Weile
und meine Welt ist eine heile.

Ich erlebe Schönheit und Angst
zur selben Zeit
und mich durchströmt eine Dankbarkeit.

Dann wird es still,
die Wellen schlagen leise an den Bug
und es wird dunkel,
Zug um Zug.

Mein Toben und Wüten
ist längst zu Ende,
denn für meinen Kopf
gibt's hier keine Wände.
Nur eine endlos schwarze Nacht
und ich
und ein Schaukeln
gelegentlich.

Da gibt es noch so Vieles,
das ich erleben wollte
das ich sofort anginge,
wenn ich das hier überleben sollte.

Immer hab ich gewartet,
statt gestartet,
darauf
dass der Wind sich dreht
und am Ende nichts erlebt.

So manches
hätte ich gerne noch ins Reine gebracht,
doch ich war machtlos
in jener Nacht.

Und plötzlich
musste ich lauthals lachen,
über all die Nichtigkeiten,
um die sich die Leute Sorgen machen.
Zeitverschwendung allesamt,
Beschäftigungstherapie
für den Verstand.

Hab ich tatsächlich
so viel verloren,
um so zu leben,
wurde ich doch nicht geboren?

Könnte ich noch mal anfangen,
gäbe es in meinem Leben
kein **Vielleicht**

da gäbe es keine Woche,
keinen Tag,
der dem Anderen gleicht.

Und Stück für Stück,
etappenweise,
erreichte ich dann jedes Ziel
auf meiner Reise.

Keinen Moment
würde ich mehr verschwenden,
daran, Eitelkeiten
Aufmerksamkeit zu schenken.

Ich würde dem Leben mehr vertrauen
statt ewig Luftschlösser zubauen.

Glasklar
sprudeln meine Gedanken,
sie bringen meine bisherige Welt ins Wanken.

Was bleibt,
ist ein lautes JA
zum Leben,
als ob da nie ein Zweifel war.

Letztlich
hab ich meinen Frieden gefunden,
ich veränderte mich sehr
in diesen Stunden.
Ich gab mein Schicksal
an Gott und die Gezeiten ab

mit dem Wissen,
dass es für mich nichts mehr zu tun gab.
Und als wäre ihm
nichts anderes übrig geblieben,
ist mein Boot
über Nacht an Land getrieben.

Heute versteh' ich,
hätte ich all diese Dinge
vorher gewusst,
hätte ich niemals
auf dieses Boot gemusst,
aber dann
würde ich heute noch nicht wissen,
wie es ist,
nachts allein
lachend
auf einem Boot zu sitzen.

# Ameli

Du kamst in mein Leben
und bist geblieben.
Ich wusste uns würde nichts unter kriegen.

Wir haben uns gestützt
und kannten jede Macke am Andern.
Wir waren so verschieden
und doch hast du mich verstanden.

Der Rhythmus deines Atems
die kleine Narbe an meiner rechten Hand.
Deine Art Geheimnisse zu bewahren
und die Unbegrenztheit deines Verstands.

Wir haben nie darüber gesprochen
aber heute bist du nicht mehr da.
Und das Leben schmeckt manchmal so fade,
dort wo früher Farbe war.

Da fehlt ein Lachen
das jetzt ewig schweigt.
Dein typisches Zwinkern,
das jetzt unterlassen bleibt.

Da sind Geschichten,
die jetzt keiner mehr ergänzt.
Lautlose Worte,
wie durch eine Wand getrennt.
Und alles was mir übrig bleibt
ist die Dankbarkeit für unsere Zeit zu zweit.

# Nullpunkt

Ich stecke mitten in einem Prozess,
doch wo führt er mich hin?
Um mich herum
ist so viel Stress
und der büßt täglich ein
an Sinn.

Ich habe Angst,
denn ich weiß nicht was kommt.
Alles,was ich weiß, ist,
dass sich kämpfen
nicht mehr lohnt.
Ich bin erschöpft
und meine Nerven sind furchtbar dünn.
Es fühlt sich an,
als ob ich haltlos schwebend
im Weltall bin.

Kein Fixpunkt,
kein Ziel,
einfach nichts in Sicht,
nichts, das mir irgendwie Sicherheit verspricht.
Mal ist es ein Schweben,
mal ein Fallen,
mal ein Welten aufeinander prallen.

Ich habe meinen Biss verloren,
dafür höre ich jetzt ständig
dieses Piepen in den Ohren.

Wie soll ich für andere
eine Bereicherung sein,
fühl' ich mich selbst doch
schwach und klein?

Ich gebe auf,
weil mir nichts anderes übrig bleibt,
der Weg war zu steinig
und auch zu weit.

Jetzt,
da alle Masken gefallen sind
muss ich mir eingestehen,
**ich kann** meinen Nullpunkt deutlich sehen.
Und es ist nicht Mut,
der mich von hieraus weiterbringt,
es ist der lebensbejahende Urinstinkt.

Obwohl mir das Meiste
egal geworden ist,
seh ich das Weitermachen
als meine Pflicht.

Aus meinem Fallen,
mach' ich ein Springen,
in neue Perspektiven,
die mir alltägliche Situationen bringen.

Möglichkeiten,
die ich bisher übersehen hab,
weil ich zu sehr
mit der Dunkelheit beschäftigt war.

Oft sind es nur Kleinigkeiten,
Menschen,
die mir das Lächeln wieder beibringen.

Und es stimmt,
dass allem Anfang
ein Zauber innewohnt,
einer dem man vertrauen kann
und für den es sich zu leben lohnt.

Obwohl von meiner alten Person
nicht mehr viel übrig ist,
kann ich nicht sagen,
dass ich sie vermiss.

Meine Augen
sehen jetzt tiefer
und meine Ohren
hören jetzt besser.

Es stellte sich raus,
dass das all den Schmerz wert war.

Und für den,
der gerade
in der tiefsten Schwärze sitzt,
möcht' ich sagen:

„Ich war schon da
und weiß,
dass das Licht greifbar ist.

Wachstum
ist immer mit Schmerz verbunden,
die schönsten Menschen
erstehen aus dem Dunkeln."

# Königin

Von aussen betrachtet
ist alles gut.
Kleidergröße 36
und der Lippenstift passt zum Hut.

Genießerisch und provokant
spielst du mit deiner Zigarette in der Hand.

Aber wenn du lachst,
lachen deine Augen nicht mit.
Deine Mimik friert ein,
wenn du glaubst dass dich keiner sieht.

Und wenn du gehst,
fehlt die Leichtigkeit in deinem Schritt,
die Unschuld der Jugend
und die Illusion in deinem Blick.

Immerhin,
von aussen betrachtet
ist alles gut.
Und wenn dein Herz weint
erklärst du es für Kunstblut.

Ich brauch dich nichts zu fragen,
du spürst auch so, dass ich was weiß.
Bist es leid, deine Maske zu tragen.
Sie ist so schwer geworden
in letzter Zeit.

Die Mauer um deine Seele
ist dick und glattwandig.
Heut schläfst du mit der halben Welt
und pfeifst auf die Romantik.

Und wenn du danach
mit roten Backen in den Laken liegst,
weißt du wirklich nicht
warum dir Wasser aus den Augen fließt.

Nein das kann nichts mit damals zu tun haben,
schließlich ist das ewig her.
Du bist nun offiziell erwachsen
und die Hälfte weißt du eh nicht mehr.

„Was soll's, ist doch normal," sagst du,
„Andere überleben sowas auch."
Ziehst an deiner Zigarette
und wartest dass die Wut verraucht.

Und es stimmt,
reden verändert die Vergangenheit nicht,
aber es wird leichter,
wenn man ab und zu darüber spricht.

Du bist nicht allein
ob du nun redest oder schweigst.
Ich nehme dich von weitem in den Arm,
selbst wenn du mir die Zähne zeigst.

Denn von mir betrachtet,
wird es höchste Zeit,

dass du weißt dass es nicht deine Schuld war
und diesen Punkt begreifst.

Es gibt so viele Varianten
wie man einen Menschen quälen kann,
**aber deine Würde ist etwas,**
**über das nur du entscheiden kannst.**

Du hast nichts falsch gemacht.
Du wusstest es nicht.
Auch das Böse hat manchmal
ein freundliches Gesicht.

Was war- das war.
Es liegt nicht in deiner Hand.
Aber heute kannst du deine Grenzen schützen,
also nutze dein' Verstand.

**Du bist einzigartig und der Liebe wert.**
Du brauchst dich nicht an alle zu verschenken,
nur weil man dich begehrt.

Wachse über das Alte hinaus.
Werde eine wahre Königin.
Durchbreche dieses Leid,
nur so kann eine neue Zeit beginnen.

# Am Scheideweg

Stehst du an einem Scheideweg
und weißt nicht,
wo dein Nordstern steht.
Bleib ganz ruhig,
halt alle Uhren an,
damit sich das Chaos
sortieren kann.

Es ist immer alles in dir,
du hörst es nur nicht,
weil du mit Überleben
beschäftigt bist.
Aber kommst du an den Punkt,
an dem deine Angst kippt,
erkennst du,
dass es keine Grenzen gibt.

Du bist von Natur aus genug
und viel mehr als das,
also hör auf zu krümeln,
es ist Zeit für dein Ass.

Glaubst du nicht
an deine Superkraft?
Hat die Angst deine Lebendigkeit
dahingerafft?

Werde dir bewusst,
dass nichts ein Zufall ist,

du bist genial,
genauso wie du bist.

Deine Talente und Stärken
weisen dir den Weg,
sie zeigen dir,
dass auch alles
leichter geht.

Leb nicht gegen deine Natur,
du verletzt dich dabei nur.
Und auch alle Anderen
leiden mit,
solang du nicht
bei dir angekommen bist.

Wie du an einem Tag
alles verderben kannst,
ist auch das Glück
in deiner Hand.
Also bilde dir nicht länger ein
deine Macht sei für irgendwas zu klein.

Selbst das,
was du an dir selbst
als Makel siehst
und deine Energie auffrisst,
gehört zu dir
und macht also Sinn,
nutze das Positive darin.
Du siehst,
nichts ist so schwarz,

dass es keine Hoffnung gibt,
nur für den
der immer alles auf morgen schiebt.

Sich selbst zu betrügen
ehrt dich nie,
mutig zu sein und Fehler
machen ist ok.

Auch wenn scheinbar
alles dagegen spricht,
kannst du dir beweisen,
dass du kein Blindgänger bist.

Es stirbt die Seele,
wer nie was wagt,
jetzt ist die Zeit,
es ist alles gesagt.

# Gedanken über Gott

Dieses Leben gehört mir
und ich kann selbst bestimmen
wie bunt meine Gedanken sind
und welches Lied meine Lippen singen.

Für mich steht trotzdem fest,
dass es einen Vater gibt.
Einen, der an mich glaubt
und mich aufrichtig liebt.

Ich bin gesegnet,
weil ich ein Dach über dem Kopf
und eine Decke habe,
aber auch,
weil ich das wärmende Feuer
der Dankbarkeit in mir trage.

Ich werde beschützt,
denn selbst im Labyrinth
der dunkelsten Stunden
hab ich in Liebe
wieder herausgefunden.

Und schien ich einmal blind zu sein,
bekam ich letztlich immer reinen Wein.
Auch wenn mein Weg
oft schmerzlich war,
seh ich heute dadurch klar.

Es ist nicht so,
dass ich keine Sorgen mit mir trage,
aber es ist auch wahr,
dass ich den Mut zu leben habe.

Ich glaube an einen Gott,
der Interesse an meiner Erfüllung hat
und der mir seine Helfer schickt, jeden Tag.
Menschen,
die mich fühlen und verstehen
Menschen,
die wie ich bereit sind, ihren Weg anzunehmen.

Mein Gott straft nicht, sondern trauert,
wenn ich mich von ihm trenne,
wenn er zusehen muss
wie ich in die falsche Richtung renne.

Und wenn ich tatsächlich gefallen bin,
hebt er mich auf
und stellt mich wieder hin.
Mancher wird sagen,
dass wir das alles selber sind
und dass das,
was ich da fühle,
am Ende gar nicht stimmt.

Es ist o.k.,
nicht meiner Meinung zu sein
für mich war meinem Herz zu folgen
der größte Meilenstein.

Die Schönheit des Lebens
in sich erblühen zu lassen,
diesen Entschluss
muss jeder selber fassen.

# Das lauschende Herz

Alles,
was du nicht aussprichst,
wird einmal zu Schmerz
über Jahre gesammelt
von deinem lauschenden Herz.

Aber bevor das Fass
nicht am Überlaufen ist,
macht jeder weiter,
weil er diese Kleinigkeit vergisst.
Dein Herz aber
hört immer mit.
Es begleitet dich
auf Schritt und Tritt.

Auch was du erduldest,
wird einmal zu Schmerz.
Jeder Frust wird gespeichert
in deinem lauschenden Herz.

Egal ob es ein Fremder ist,
oder du dich selbst mit Füßen trittst.
Dein Herz schreibt es auf
in Listen von Zahlen.
Es erschafft eine Matrix
aus erlittenen Qualen.

Und diese Welt wird dann
die deine sein,

denn die Farbe der Gedanken
nimmt auch die deiner Seele ein.

Was auch immer du bereust,
es wird einmal zu Schmerz.
Jede Scham brennt sich ein,
in dein lauschendes Herz.

Deshalb ist es so wichtig
in sich zu gehen
und zu wissen,
was hab ich auf meiner Liste stehen?
Was fange ich mit meinem Leben an,
damit mein Herz wieder heilen kann?
Denn es hält zu dir,
was auch passiert sein mag.
Dein Herz glaubt an dich,
bis zu seinem letzten Schlag.

Also kümmere dich
um diesen treuen Freund,
der nicht eine Minute
deines Lebens versäumt.
Zeig ihm,
dass alles gut werden kann,
fang noch heute damit an.

# Mein Bestes

Ich bin stark für dich,
doch du merkst es nicht.

Ich kämpf für dich,
doch es interessiert dich nicht.

Ich leb für dich,
doch du fühlst da nichts.

**Du willst das alles nicht.**

Du hast mich nie gebeten
für dich stark zu sein,
deine Kämpfe zu kämpfen
oder mein Leben zu opfern- nein.

Du willst selber leben dürfen,
mit allem was das heisst.
Mit Köpfer vom 10.er
und Liebeskummer der dich fast zerreisst.

Du willst Fehler machen dürfen
und trotzdem geliebt werden.
Willst deine eigenen Fußspuren hinterlassen,
anstatt nur meine zu verstärken.

Du willst deine Grenzen testen
und trotzdem wissen "Ich kann Nachhaus."
Du öffnest grundsätzlich alle Türen,

nur die zu mir lässt du gerne aus.
Aber ich kenn dich.
Zwischen uns besteht noch immer
ein dünnes Band.
Und wenn du in Not kommst,
suchst du noch immer meine Hand.

Sie wird da sein,
Gott hilf, dass du sie niemals brauchst.
Dass du dich selber findest,
Träume hast und an sie glaubst.

Ich bin dein Fels im Rücken
dein Schild, dein Schwert,
aber ich werde meine Impulse unterdrücken,
denn ich weiß, es wär verkehrt.

Du bist mein Kind
und alles was ich kann, hab ich dir gezeigt.
Ab hier lass ich dich selber laufen,
meine Grenzen sind erreicht.

Und irgendwo in mir weiß ich,
dass du es schaffst,
weil ich vom ersten Tag an
mein Bestes gegeben hab.

# Der abgeblühte Traum

Als eine große Liebe zu Ende ging,
war es,
als ob die Welt zu zerbrechen schien.
Die Gefühle,
ein einziger Scherbenhaufen,
Glück
lässt sich nicht mit Geld kaufen.
In mir brannte eine kalte Wut,
kein Feuer mehr,
nicht ein mal Glut.

Doch es kam der Tag,
an dem ich die Lösung fand
Erwartung und Enttäuschung
kommen Hand in Hand.
Was dich eigentlich reinlegt,
ist dein Verstand.

Egal ob du hoffst,
dass alles beim Alten bleibt
oder sich was ändern muss,
du hast keine Chance,
solange du im Außen suchst.

Kein Mensch ändert sich,
wenn seine Zeit dafür nicht reif ist,
selbst wenn du mit einem Megafon
in sein Ohr hinein sprichst.

Das Leben
setzt sein Timing ganz genau,
es ist immer pünktlich,
auch wenn man lieber
an einen Fehler glaubt.
Es ist parteilos,
jedes Ding hat seine Zeit
und es kommt immer so,
wie man in den Wald hinein schreit.

Also wenn dir deine Gegenwart nicht passt,
versuch dich daran zu erinnern,
welchen Teil du davon verursacht hast.

Zu erwarten,
zu hoffen und zu denken,
heißt einer Illusion
deine Zeit zu schenken.
Und zeigt sich,
mit den Jahren deine Vergänglichkeit,
kippt Hoffnung um,
in Wut und Bitterkeit.

Es ist eh zu spät,
um Vergangenes aufzuholen,
wurdest du noch so belogen
und betrogen.
Letztlich haben wir uns selbst
hinters Licht geführt
haben geflissentlich
sämtliche Zweifel ignoriert.

Es ist ein ewiges Lernen,
auf die ein oder andere Art
von der Wiege bis zu Bahre
manches ist schön
und anderes hart.

Doch es ist keine Schande,
Fehler zu machen
nur sich im Kreis zu drehen,
ohne aufzuwachen.
Ewig in der Vergangenheit festzuhängen
sich aufzuregen oder zu schämen.

Nichts auf der Welt
dreht die Zeit zurück
über was du heute nachdenkst,
formt dein morgen ein Stück.

Es ist immer nur das **Jetzt,**
das deine Zukunft fügt
ein Traum, der vorbei ist,
bleibt abgeblüht.

# Mein Weg

Ich möchte einmal,
**meinen Weg** gegangen sein.
Ob auf Sand,
dünnem Eis, oder Steinen,
es soll **meiner** sein.

Ich habe mich der Selbstfindung verschrieben.
Sie hat mir Wurzeln gegeben
und half mir beim Flügel kriegen.

Zeitweise
fühlte sich meine Gedankenwelt an,
wie ein tiefschwarzes Labyrinth.
Ich begegnete Wut, Trauer
und meinem inneren Kind.

Ich musste mich mit Eigenverantwortung
und allen Ausreden
auseinandersetzen
und sollte ich meine damaligen Zweifel zählen,
so könnte ich sie nur schätzen.

Aber ich bin gewachsen,
zunächst nur langsam,
aber dann …
wurde mein Blick klarer
und ich fing zu wuchern an.
Ich habe Grenzen gesprengt
und bin an andere gestoßen.

Ich musste lernen,
dass viele Kinder bleiben,
auch wenn sie groß sind.

Meine Erkenntnisse zogen Kreise,
auf allen Ebenen
und ich begann Menschen zu bewegen,
denen ich begegnet bin.

Ich bekam mehr und mehr
Ehrfurcht vor dem Leben
und dem Sinn,
dem Glück
dankbar entgegenzustreben.

Es war,
als würde jemand Wunder,
wie Blumen an meinen Wegrand streuen,
und dann säuberlich darauf achten,
dass ich keines davon versäum.

Ich habe mich entfernt,
von einem großen Teil der Welt,
hab von der Natur gelernt
und ihr von mir erzählt.

Sollte ich heute sagen,
was früher für mich Probleme waren,
so weiß ich es nicht,
denn ich habe es vergessen,
in den letzten Jahren.

Ich möchte einmal **meinen Weg** gegangen sein,
vielleicht könnt ihr jetzt verstehen,
was ich damit mein.

Ich bin zu tief gegangen
und hab zu weit gesehen.
Ich hab zu viel bekommen,
um je wieder zurückzugehen.

Und fragt ihr euch,
warum Menschen wie ich so anders sind?
Weil wir unsere Herzen offen tragen,
seht einfach genauer hin.

Ich kann nicht mehr sein,
wie andere mich haben wollen,
jeder hat seinen Part
und Gott verteilt die Rollen.

Sollte euer Weg einmal zu Ende sein,
hoff ich, ihr seid ihn gegangen,
wie ich den meinen.

# Wut

Ich trage eine riesige Wut
in meinem Bauch,
sie raubt mir den Mut
und den Atem auch.

Sie blockiert beständig
mein weises Sehen
und lässt mich ewig Kreise ziehen.

Meine Genialität
bleibt immer eingeschränkt,
weil meine Wut
jede Idee im Keim versengt.
Sie ist der Bremsklotz
an meinen Gedanken
die sich pausenlos um Altes ranken.

Es sind Muster
die sich ewig wiederholen.
Filme,
die sich in meinem Kopf abspulen.

Aber ich bin nicht mehr die,
die ich früher war,
ja noch nicht einmal die
von letztem Jahr.

Mit aller Kraft
verlass ich meine Endlosschleife,

weil ich den Kern endlich begreife.
Ich bin die von heute
und mein Leben spielt jetzt.
Es gibt manches, das ich bereue
und auch ich hab verletzt.

Aber alles
was ich verändern kann
fängt in dieser Minute an.

Ich mache für heute einfach einen Schnitt,
weil ich weiß,
dass es schlechte Tage gar nicht gibt.

# Wissen & Gewissen

Als Kind dachte ich immer:
„Die Erwachsenen,
die wissen, wie alles geht.
Wie man Auto fährt,
Rechnungen zahlt
und wie die Welt sich dreht.

Sie haben gelernt,
dass man nicht lügt
und dass das Gute
stets über das Böse siegt.

Dass der Wert
aller Menschen gleich wiegt
und dass man aus Liebe
Kinder kriegt.

Dass sich auf Kosten Anderer zu bereichern
verwerflich ist,
obwohl das ja eigentlich
selbstverständlich ist.

Sie wissen um all diese Dinge
und halten sich daran
weshalb man sie auch so bewundern kann."

Ich konnte es kaum erwarten, groß zu sein
und damit ein Teil dieses
ach so edlen Vereins.

Aber bald
bekamen die Erwachsenen
auf ihren Sockeln Risse
und ich wunderte mich
über allerlei Zusammenhänge
und fehlende Gewissensbisse.

Heute sagt man mir:
„Die Welt
so wie du sie siehst,
die gibt es nicht."
Dass meine Sicht
zu naiv und kindlich ist.
Und ich weiß genau
was diese Leute meinen
doch es scheint mir
die bessere Wahl zu sein.

Auch wenn ich nicht viel verändern kann
gehe ich gerne so voran.

Und bricht die Welt für meine Kinder,
was sie verspricht,
wenn sie auch lügt und betrügt -
so tu' ich es nicht.

# Der geheime Ort

Es gibt einen Platz
ganz tief in mir drin,
einen Ort
an dem ich sicher und geborgen bin.

Ich nehm dich an die Hand
und führe dich hin.
Lass dich erleben,
welche Bilder
in meinem Herzen sind.

Wir laufen barfuß
durch das nasse Gras,
spüren den Morgentau,
er malt Sterne aus Glas.

Das Schilf steht hoch,
wir suchen den Weg,
dort liegt das Boot,
links neben dem Steg.

Wir steigen ein,
der See ist spiegelglatt und klar.
Kein Geräusch ist zu vernehmen,
die Stille ist wunderbar.

Wir rudern fast lautlos
über das Wasser dahin.

Nur ein paar Bäume und Wolken
spiegeln sich darin.

All meine Ängste und Sorgen
lass' ich am Ufer zurück,
ungläubig stehen sie da
und sehen wie ich kleiner werde
Stück für Stück.

Mit heißen Wangen
und strahlendem Blick
zeig' ich dir mein Haus,
wie es am anderen Ufer liegt.

Ein rotes Dach,
ein Gebäude aus Stein.
Um alles eine kleine Mauer,
sie grenzt das Grundstück ein.

Ein wilder Garten mit Blumen darin.
Erinnerungen die auf mich warten,
jedes Detail macht Sinn.

Wir erreichen das Ufer,
die Worte vergehen,
ab hier musst du alles
mit dem Herzen verstehen.

Wir sehen uns an,
was für ein Augenblick,
mit klopfendem Puls
gehen wir das letzte Stück.

Der Schlüssel ist alt,
an seinem Ende ein Ring,
daran baumelt ein Medaillon
in der Form eines Schmetterlings.

Ich öffne die Tür
und wir treten ein,
dieser Ort ist geheim,
nicht einmal ich kann behaupten
oft hier zu sein.

Und auch wenn du mir in Vielem
noch ein Fremder bist,
weiß ich doch,
dass das hier richtig ist.

Ich will,
dass du meine Welt mit deinen Augen siehst
und dich in sie hinein vertiefst.

Spürst du die Wärme
aus dem Kamin?
Kannst du die beiden Sessel
daneben sehen?

Die kleine Küche
mit blauweißen Kacheln,
bemalt von Hand?

Die ewig selben Fotografien
an der Wand?

Bilder aus längst vergangenen Tagen,
die in sich einen Kampf
gegen das Vergessen tragen.

Meine Freundin
die schon vor langem starb,
hier seh ich sie wieder,
wie an unserem letzten Tag.
Meine Eltern, Lehrer,
Wegbegleiter,
jedes Bild ist anders,
mal betrübt,
mal heiter.

Alle Geschichten von mir ein Stück,
was mich auch bedrückt,
hier heilt meine Seele,
hier komm' ich zu mir zurück.

Hier ist mein zu Hause,
hier darf ich sein,
darf singen, tanzen
und auch mal weinen.

Ich wünsch' mir so sehr,
dass du all das hier verstehst
und mit diesem Bild im Herzen
nachhause gehst.

Dieser Ort ist fiktiv,
er kann überall sein,
meiner liegt an einem See

und ist ein altes Haus aus Stein.
Und wenn du eine Weile ganz leise bist,
kannst du auch herausfinden,
wo deiner ist.

Nimm mich nicht an die Hand.
Führ mich nicht dort hin,
auch wenn wir jetzt längst
keine Fremden mehr sind.

Der Ort,
an dem du geborgen und zu Hause bist,
ist nur sicher,
solang er ein Geheimnis ist.

Auch ich werde wohl
mein Haus am See verlassen
und mir in meinem Innern
einen neuen Ort erschaffen.

# Was bleibt

Bei all dem Chaos,
das uns in den Wahnsinn treibt,
frag' ich mich immer häufiger,
was bleibt?

Was wird am Schluss
noch von Bedeutung sein?
Als wer
gehen wir in die Geschichte ein?
Das letzte Hemd
hat keine Taschen
aber was gibt es überhaupt
loszulassen?

Kommt der Tag
und es ist unsere Zeit,
erkennen wir
die Sinnlosigkeit hinter Lärm und Streit.
Dann werden wir an alle
Gelegenheiten denken
in denen wir unser Glück verschenkten.

Verschwenderisch,
als würden wir ewig leben,
verdrängen wir all dem Sinn zu geben.

Und so verbringen wir die meiste Zeit
in vorgegaukelter Sicherheit.
Klammern uns an Träumen fest,

für deren Umsetzung
man dann doch zu feige ist.

Aber wer mit offenen Augen diesem Jetzt
Vertrauen und Mut entgegensetzt,
wer wagt,
mit vollem Risiko zu fühlen,
der kann Licht einatmen
und Liebe spüren.

Unaufhaltsam
dreht sich das Rad der Zeit
und eine glückliche Vergangenheit
ist das Einzige
– was bleibt.

# Bei mir

Zu sich zu kommen
bedeutet vieles hinter sich zu lassen.
Das Rauschen der Welt
und vor allem die Sucht
etwas zu verpassen.

Alles wird intensiver,
das Leben entschleunigt sich,
die Gedanken lösen sich auf,
ich entwickle mich.

Mein Blick kann nicht nur weit,
sondern auch in die Tiefe sehen
ich fühle mich befreit
und bin bereit
noch weiter zu gehen.
Ich erinnere mich,
wer ich wirklich bin,
wer ich schon immer war
von Anbeginn.
Wie eine vollkommene Blüte
in ihrer ganzen Pracht,
leuchtet mein SEIN,
denn es ist erwacht.

Eine angenehme Wärme
flutet mich,
durchströmt meinen Körper,
verändert sich.

Wird zu einer unbeschreiblichen Freude,
Vertrauen & Sicherheit
nimmt mich völlig ein,
macht sich in mir breit.

Ich genieße den Moment,
berühre meine Göttlichkeit,
bin frei von allen Gedanken,
Raum & Zeit.
Alles was zu mir gehört,
schweigt und ehrt diese Stille,
mein Geist ist leer,
denn so ist mein Wille.

Ich entferne mich immer mehr
von allem was ist,
es gibt nichts mehr
was jetzt noch wichtig ist.

Was früher einmal
ein kleines Ich war,
löst sich auf,
hört einfach
zu existieren auf.
Kehrt zurück,
in die eine große Kraft,
die Worte überflüssig macht -.

# Vielleicht

Vielleicht ist längst alles gesagt.
Vielleicht ist jedes Lied geschrieben
und jedes Bild gemalt.

Die Weisheit schreit uns entgegen
aus jedem Glückskeks
und jedem Grußkartenständer
und trotzdem seh' ich nicht,
dass sich irgendwas verändert.

Wozu also noch Texte schreiben?
Wozu den Menschen
alles was sie wissen
noch einmal zeigen?

Vielleicht ist längst alles gesagt.
Vielleicht ist ausgeschöpft,
was meine Kraft vermag.
Vielleicht ist es Zeit los zu lassen,
statt ewig
an fremden Oberflächen zu kratzen.

Und dann kommt einer.
Einer der mir den Namen Hoffnung gibt.
Und nach wochenlangem Schweigen
sind alle meine Zweifel
ohne Rest besiegt.

Denn vielleicht,
werde ich eines Tages

diesen einen Text schreiben
und ihn im richtigen Moment,
der einzig richtigen Person zeigen.


Vielleicht,
werde ich nie etwas davon erfahren,
wie sehr meine Worte Wellen schlagen.
Aber solange
meine Lippen sich bewegen,
werde ich dieser Welt
meine Hoffnung geben.

# Inhaltsverzeichnis:

Vielleicht

werde ich eines Tages
diesen einen Text
schreiben

und ihn im richtigen Moment
der einzig richtigen
Person zeigen...

Vielleicht.


Lisa Mischke